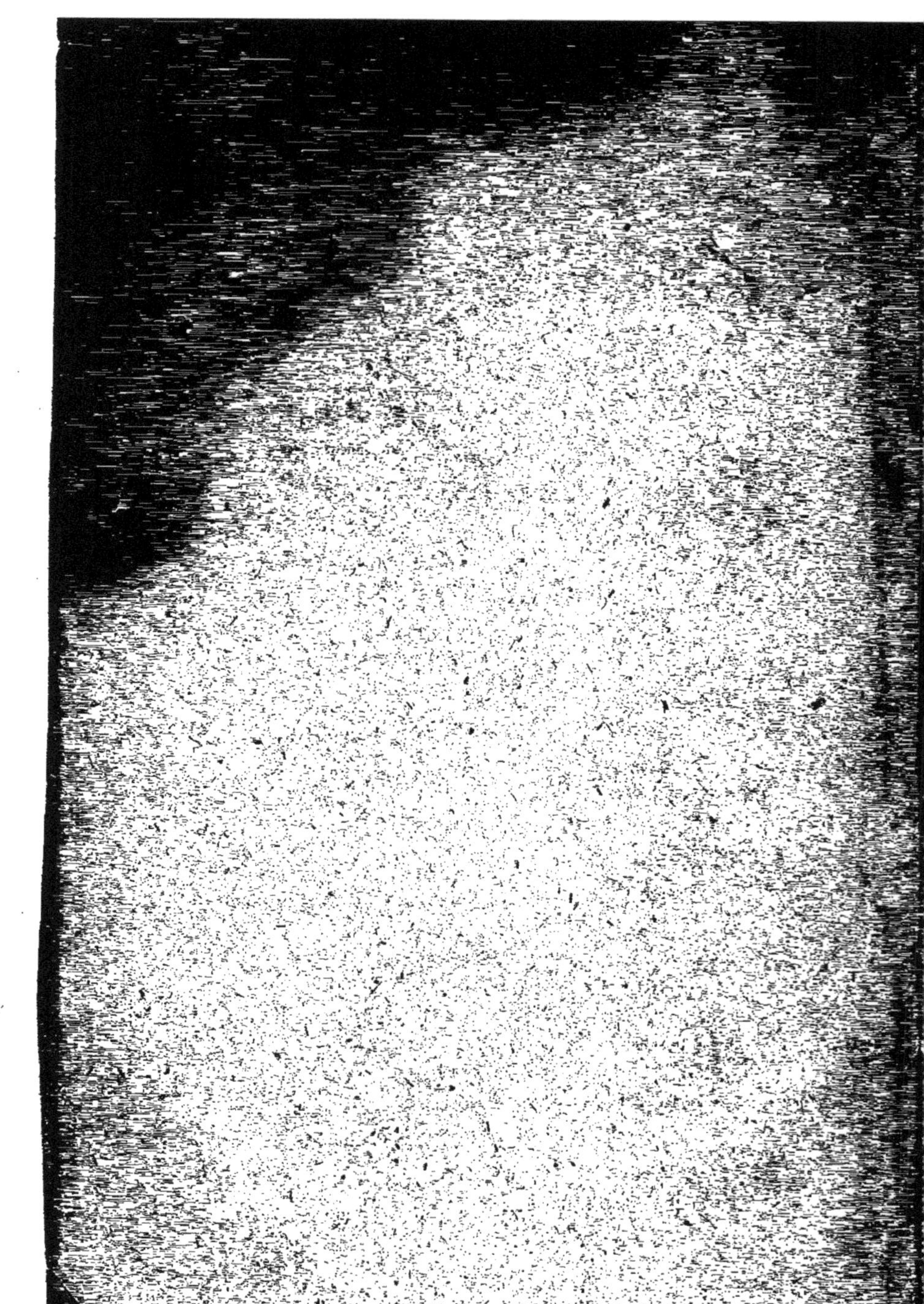

CATALOGUE

avec les prix

D'UNE COLLECTION

DE TABLEAUX, DESSINS,

GOUACHES, AQUARELLES,

ESTAMPES EN FEUILLES, ET AUTRES OBJETS D'ARTS,

Par différens Peintres et autres Artistes de notre Ecole moderne;

RÉDIGÉ PAR H. DELAROCHE.

La Vente s'en fera au plus offrant et dernier Enchérisseur, et au comptant, 6 heures de relevée, grande salle de l'hôtel Bullion, rue Jean-Jacques Rousseau, les 26, 27 et 28 Juillet 1810.

L'Exposition publique aura lieu dans le même Local, les deux jours qui précéderont celui de la Vente, depuis 11 heures du matin jusqu'à 3.

LE PRÉSENT CATALOGUE SE DISTRIBUE

Chez MM. ALEXANDRE père, Commissaire-priseur, rue Sainte-Avoye, N.º 36;

Et H. DELAROCHE, rue Vivienne, N.º 18.

AVERTISSEMENT.

*LA Collection que nous sommes chargés de faire connaître aux Amateurs, est entièrement composée de Tableaux, Dessins, Gouaches, Aquarelles et autres articles acquis par la Société de la réunion des Beaux-Arts, à différens Peintres et autres Artistes de notre Ecole moderne. Cette réunion aussi intéressante qu'agréable par le choix et la variété des sujets, donnera une idée avantageuse des talens et de l'instruction de nos Artistes. Si les Amateurs ont à regretter de ne pouvoir compter au nombre de nos Tableaux quelques sujets d'histoire, remarquables par l'énergie de la pensée, la grandeur du style, la sagesse de la composition et la correction du dessin, ils seront dédommagés de cette privation, par nombre de Morceaux de genre qui leur présenteront autant d'esprit et de facilité dans l'exécution que de charmes dans le coloris; pour les en convaincre, il suffira de nom-*mer MM. Regnault, Robert le Fèvre, Landon, Taunay, Bidault, Lafontaine, Boilly, Demarne, Drolling, Dunouy, van Gorp, Valin, Mlle Gé-rard, etc. etc., *dont ils verront des Tableaux vraiment recommandables. Quant à la partie des*

Dessins, plus nombreuse, elle offrira plusieurs sites d'Italie du plus beau choix, enrichis de Figures dans le genre historique, de Statues, de Monumens et d'anciennes Ruines, qui rappelleront aux Artistes et aux Connaisseurs, les chefs-d'œuvre de Peinture, de Sculpture et d'Architecture, qu'ils ont vus et étudiés avec tant de plaisir sur les lieux mêmes.

Tous les Articles, qui composent cette intéressante Collection, seront exposés publiquement, grande Salle de l'hôtel de Bullion, les Mardi 24 et Mercredi 25 Juillet, présent mois, depuis 11 heures du matin jusqu'à 3 de relevée.

CATALOGUE

DE TABLEAUX, DESSINS,

GOUACHES, AQUARELLES,

ESTAMPES EN FEUILLES, ET AUTRES OBJETS D'ARTS,

Par différens Peintres et autres Artistes de notre Ecole moderne.

BRUANDET.

Peint sur toile, larg. 12, haut. 9 p.

1. — Deux intérieurs de forêts, enrichis de jolies figures de cavaliers et promeneurs, par *Sweback Desfontaines*. Dans l'un sont des chasseurs à cheval; et l'on voit entr'autres figures dans l'autre, un paysan assis, gardant un cheval.

PAR LE MÊME.

Peint sur toile, larg. 12, haut. 10 p.

2. — Vue d'un bois éclairé d'une manière

piquante par le soleil qui pénètre à travers les arbres. On y voit quelques figures, dont un groupe de jeunes gens assis au pied d'un gros chêne, et qui y prennent leur repas.

BRUANDET.

Peint sur bois, larg. 10, *haut.* 8 *p.*

3.— Etude d'arbres, touchée au premier coup, d'après nature, et dont l'effet pris au soleil couchant, est de la plus grande vérité.

BIDAULT (M.).

Peint sur toile, larg. 12, *haut.* 8 *p.*

4. — Point de vue d'un riche paysage traversé par une rivière sur laquelle est un pont de trois arches, qui conduit à un fort. Tous les bâtimens se détachent sur un fond de montagnes dont le ton vaporeux et harmonieusement dégradé, se lie à un ciel chaud indiquant une belle soirée d'été. Sur un tertre élevé, on voit deux vaches en repos gardées par des pâtres, et sur le devant une jeune femme qui s'enfuit et paraît avoir été piquée par un serpent.

PAR LE MÊME.

Peint sur toile, larg. 12, *haut.* 9 *p.*

5. — Un autre site pittoresque en partie couvert d'arbres, indiquant une vallée, et terminé par une chaîne de montagnes surmontées d'anciens édifices; on y voit encore sur la droite un troupeau de chèvres gardées par un pâtre.

Ce tableau égal en mérite au précédent, et pouvant lui servir de pendant, offre un contraste agréable par sa fraîcheur. Ils réunissent l'un et l'autre au piquant de la composition, une grande justesse d'effet ainsi qu'une touche large et facile.

PAR LE MÊME.

Peint sur toile, larg. 10, *haut.* 8 *p.*

6. — Point de vue de paysage offrant à gauche une masse de rochers dont le pied est baigné par un lac; partie d'une forte couleur, et en opposition avec un lointain de montagnes qui termine le côté droit. On voit au milieu, sur le devant, deux villageois, dont un qui pêche à la ligne. Ce joli tableau, d'un bel effet de clair obscur, indique un soleil couchant.

BOILLY (M.).

Peint sur toile, haut. 20, larg. 14 p.

7. — Dans un parc, une petite fille de la figure la plus fine et la plus spirituelle, porte sur ses épaules son jeune frère qui s'appuie sur sa tête ; deux chiens épagneuls qui semblent partager les jeux de ces enfans, une table rustique et un vase rempli de fleurs, ajoutent à la richesse de ce joli sujet, dont l'exécution présente autant d'esprit que de facilité.

BERTIN (M.).

Peint sur bois, larg. 12, haut. 9 p.

8. — Site de paysage offrant sur le devant une grande prairie avec lointain de côteaux et montagnes. On y voit à gauche trois jolies figures de bergères, et du côté opposé, à l'ombre de grands arbres, près d'un rocher, un troupeau de bœufs. Morceau agréable, et dont tous les détails sont rendus avec autant de finesse que de précision.

BOUILLARD (M.lle).

Peint sur toile, haut. 16., larg. 13 p.

9. — Buste d'une bacchante les cheveux en

désordre et la tête couronnée de pampre et de raisin. Tableau d'une couleur agréable.

PAR LE MÊME.

Peint sur toile, haut. 18, larg. 12 p.

10. — Une jeune femme vue jusqu'au buste, la tête tournée de trois-quarts et les cheveux ornés de perles. Jolie étude pouvant servir de pendant à la précédente.

CAZIN (M.).

Peint sur bois, larg. 10, haut. 7 p.

11. — Une des portes du parc de Versailles du côté de Trianon, avec quelques ruines d'anciens monumens. On y voit, sur le devant, un pâtre conduisant un troupeau de vaches et de chèvres.

DETROY (J. 1722).

Peint sur toile, larg. 52, haut. 37 p.

12. — Le sujet de Vénus et Adonis avec deux Amours, dont un qui retient un chien. Ce tableau, d'une composition agréable, est aussi d'une belle dimension convenable pour décorer les hauts d'un cabinet.

DEMARNE (M.).

Peint sur toile, larg. 20, haut. 12 p.

13. — Point de vue d'une vaste étendue de plaines, terminées à droite par un village. Tous les devans sont couverts de bestiaux gardés par une villageoise, que l'on voit assise au pied de plusieurs grands arbres qui sont sur la gauche. Elle joue avec son enfant; près d'elle est un paysan appuyé sur une barrière: dans l'éloignement, du même côté, on distingue un homme à cheval.

Ce tableau d'un détail immense et d'un bel émail de couleur, est éclairé d'une manière piquante et vraie par un ciel chaud indiquant le milieu du jour.

PAR LE MÊME.

Peint sur bois, larg. 12, haut. 9 p.

14. — Deux jolis tableaux faisant pendant: l'un offre un site de paysage de la plus grande richesse, avec figures, dont une jeune villageoise montée sur un âne et suivie d'un homme qui joue avec son chien; l'autre est un point de vue de rivière avec pont de trois arches, appuyé contre un rocher qui occupe la droite.

du sujet. Diverses barques à voiles et quelques figures de pêcheurs qui sont sur le devant, ajoutent à l'intérêt de ce tableau.

DUNOUY (M.).

Peint sur toile, larg. 53, haut. 36 p.

15. — Site du plus bel aspect, enrichi sur la droite de fabriques et rochers en opposition avec un lointain de côteaux et de montagnes. Du même côté, sur le devant, sont trois voyageurs, dont un qui dessine ce site, et l'autre qui lui tient un parasol pour le garantir du soleil, tandis que leur camarade paraît effrayé de la vue d'un serpent.

PAR LE MÊME.

Peint sur toile, larg. 42, haut. 30 p.

16. — Autre paysage montueux, couvert d'arbres avec chute d'eau au milieu formant rivière. Il est enrichi sur différens plans de figures de pâtres qui gardent des moutons et des chèvres, dont deux se battent.

PAR LE MÊME.

Peint sur bois, larg. 24, haut. 15 p.

17. — Un site d'Italie ; la gauche est oc-

cupée par un massif d'arbres au milieu desquels s'élève un monument ; du même côté ,
sur le devant, est un tombeau. On y voit auprès une femme plongée dans la douleur , et
plus loin des pâtres conduisant un troupeau de
bœufs et de moutons. Toute cette partie, dans
un effet vigoureux de couleur , fait ressortir
tous les détails de la droite, qui offre un lointain de fabriques et de montagnes.

DUNOUY (M.).

Peint sur bois, haut. 12 , *larg.* 9 *p.*

18. — Paysage en hauteur , offrant un point
de vue de rochers avec rivière sur le premier
plan. A droite sont deux figures , dont un
homme qui retient un cheval blanc par la
bride.

PAR LE MÊME.

Peint sur bois, larg. 12 , *haut.* 9 *p.*

19. — Site pittoresque avec de belles fabriques appuyées contre une chaîne de montagnes, représenté à l'effet d'un coup de vent.
Entr'autres détails, on y voit deux cavaliers
emportés par leurs chevaux , et un arbre brisé
par l'ouragan.

PAR LE MÊME.

Peint sur bois, larg. 9, haut. 6 p.

20. — Paysage dans le style héroïque, terminé par de hautes montagnes. Sur le devant, à gauche, est une femme à genoux, et plus loin, deux hommes qui portent un cadavre auquel ils vont donner la sépulture.

PAR LE MÊME.

Peint sur bois, larg. 9, haut. 6 p.

21. — Point de vue de paysage enrichi sur le devant, à droite, de deux jolies figures qui dansent au son de la flûte d'un berger dont le troupeau est en repos sur la prairie.

DROLLING (M.).

Peint sur toile, larg. 12, haut. 9 p.

22. — Dans un intérieur, près d'une table couverte d'un tapis et chargée de livres, on voit un vieillard à barbe blanche, tenant dans les mains une fiole qu'il regarde avec attention ; derrière lui une paysanne debout, les mains croisées et le panier au bras, attend le résultat de la consultation. Ce tableau d'une touche

spirituelle, est aussi d'une grande transparence de couleur.

DROLLING (M.).

Peint sur bois, larg. 8, haut. 6 p.

23. — Deux autres tableaux : l'un offre l'intérieur d'une maison rustique, réprésenté à l'effet de la nuit. On y voit sur le devant, à gauche, une mère qui lit la Bible à ses deux filles, et dans le fond un jeune garçon qui descend un escalier ; l'autre est un intérieur de ferme où sont deux jeunes villageoises, dont une debout et vue par le dos, qui savonne, regarde sa compagne qui caresse un mouton. On distingue encore dans le fond un homme assis près de la cheminée. Divers ustensiles de ménage ajoutent à la richesse de ces deux petits morceaux, échantillons précieux de cet excellent coloriste.

DUPERREUX (M.).

Peint sur bois, larg. 15, haut. 10 p.

24. — Riche point de vue avec fabriques et aqueducs, et traversé dans toute son étendue par un canal. On y voit à gauche, sur le devant, une fontaine entourée d'arbres où sont

deux femmes et un homme qui viennent pui-
ser de l'eau. On distingue encore dans l'éloignement un groupe de trois femmes qui dansent. Ce paysage offre une dégradation par-
faite dans tous les plans., une touche facile et
spirituelle, ainsi qu'une excellente couleur.

DEVOUGE (M.).

Peint sur toile, haut. 36, larg. 30 p.

25. — Une jeune fille entraînée par l'Amour
et retenue par la Sagesse. Ces trois figures ressortent dans le mouvement le plus gracieux sur
un beau fond de paysage. Tableau d'un coloris
frais et séduisant et d'un pinceau suave, dans
le style de M. *Prudhon.*

DUVAL (M.).

Peint sur bois, larg. 12, haut. 9 p.

26. — Deux paysages : l'un pris à l'effet d'une
fraîche matinée, offre un site de plaines avec
rocher sur la droite et deux figures au milieu,
savoir une jeune villageoise sur un âne et ac-
compagnée d'un cavalier en manteau rouge ;
l'autre, à l'heure du soleil couchant, présente une grande étendue de pays occupé sur
le devant par quelques dunes sablonneuses, où

l'on voit plusieurs figures de villageois. Tableaux d'une excellente couleur et d'une grande justesse d'effets.

FOURNIER (M.).

Peint sur toile, haut. 20, larg. 16 p.

27. — Une dame prenant une chaise pour se mettre à son piano, derrière lequel est un jeune garçon qui la regarde en retournant la feuille d'un cahier de musique. Divers accessoires complètent ce joli tableau, dont l'exécution est soignée et le coloris très-agréable.

GÉRARD (M.lle).

Peint sur bois, haut. 15, larg. 12 p.

28. — L'intérieur d'une chambre élégamment meublée, où l'on voit au milieu, sur le devant, une jeune femme de la plus aimable figure, assise tenant son enfant qu'elle regarde avec satisfaction. Près de ce groupe intéressant est une table couverte d'un riche tapis fond rouge, sur laquelle est une fontaine à thé. Divers autres accessoires enrichissent ce sujet gracieux qui est d'un coloris brillant et d'un pinceau large et moelleux, cachet ordinaire

des meilleures productions de cette artiste dis-
tinguée.

PAR LA MÊME.

Peint sur bois, haut. 13, *larg.* 9 *p.*

29. — Intérieur d'appartement. On y voit
sur le devant une jeune personne assise, dans
un moment de réflexion, et tenant de sa main
gauche un portrait. Joli tableau offrant des détails agréables.

GEORGET.

Peint sur bois, larg. 9, *haut.* 7 *p.*

30. — Petit paysage offrant, à droite, un
site élevé avec différentes fabriques et constructions entourées d'un gros mur, en opposition avec un bouquet d'arbres et lointain de
plaines. En premier plan, dans un chemin
frappé par le soleil, est un cavalier en manteau
rouge, causant avec une villageoise qui garde
quatre brebis. Les figures sont de M. *Duval.*

HENRY (M.).

Peint sur bois, larg. 15, *haut.* 12 *p.*

31. — Paysage traversé par une rivière et
enrichi de jolies figures, sujet d'une chasse

2

au cerf. Copie d'un ton clair et argentin, d'après *Wouvermans*.

LE SUEUR.

Peint sur bois, larg. 9 *, haut.* 6 *p.*

32. — Site d'Italie, enrichi de beaux monumens à l'effet du soleil couchant. On y voit à droite, sur le devant, quatre personnages, dont un vieillard qui embrasse un guerrier de retour dans ses foyers.

LANDON (M.).

Peint sur bois, larg. 13 *, haut.* 11 *p.*

33. — Orphée pleurant Eurydice. Il est représenté assis auprès du tombeau de son épouse, tenant sa lyre de la main droite et la tête appuyée sur l'autre. Cette figure ressort avec vigueur sur une partie du monument qui découvre à gauche un fleuve, ainsi qu'un lointain de plaines et de montagnes.

PAR LE MÊME.

Peint sur bois, haut. 10 *, larg.* 8 *p.*

34. — Une des anecdotes intéressantes de l'histoire de Paul et Virginie. On y voit ce

jeune homme mettant des herbes aromatiques
sur la blessure que Virginie s'est faite au pied.
Esquisse avancée du même sujet, traité en
grand par M. *Landon*, qui, dans toutes ses
compositions, joint le mérite de l'exécution à
la grâce de la pensée.

LAFONTAINE (M.).

Peint sur bois, larg. 21, *haut.* 15 *p.*

35. — Intérieur d'une église enrichie de
nombre de figures par M. *Demarne*. Ce tableau éclairé par le soleil, joint au brillant de
son coloris un effet de perspective aussi juste
que savant. Couvert de gerçures, il est à dé-
sirer qu'une main habile puisse le restaurer.
Nous le regardons comme une des meilleures
productions de M. *Lafontaine*, qui aurait égalé
les plus grands peintres de ce genre, s'il ne se
fut pas livré entièrement au commerce.

LIGIER (M.).

Peint sur bois, larg. 18, *haut.* 14 *p.*

36. — Deux paysages ornés de différentes
fabriques de bon style, avec arbres et lointain
de hautes montagnes. L'un est traversé par

2 *

une rivière au bord de laquelle on voit des baigneurs ; l'autre offre un terrain en partie couvert d'arbres, avec trois figures sur le devant, sujet de Bélisaire demandant l'aumône. Les figures sont de M. *Landon*.

MICHEL (M.).

Peint sur toile, larg. 15, haut. 12 p.

37. — Un site offrant à gauche un terrain sablonneux frappé par le soleil, et au milieu un monticule entouré d'une haie qui enferme un moulin à vent. Dans un chemin à droite, on voit un chariot attelé de deux chevaux. Tous ces détails servent de repoussoir le plus heureux à un beau fond de plaines couvertes d'une riche moisson. Les figures, par M. *Sweback Desfontaines*, ajoutent au mérite de ce tableau touché dans le goût de *J. Ruisdaël*.

PAR LE MÊME.

Peint sur bois, larg. 13, haut. 10 p.

38 — Autre joli point de vue de paysage avec dunes sur la droite et rivière dans la partie opposée, qui est terminée par un lointain de plaines. Le premier plan est enrichi de plu-

sieurs figures et chevaux de la main de M. *Swé-*
back Desfontaines.

N A U D O U (M.).

Peint sur bois, larg. 12 , haut. 9 p.

39. — Deux paysages , effet de soleil couchant, et offrant l'un et l'autre des sites pittoresques avec rochers couronnés d'arbustes et
de fabriques. Tous deux sont enrichis de figures : dans l'un des pâtres gardent des chèvres;
et dans l'autre , deux pêcheurs assis au bord
d'un lac , causent ensemble.

O L I V I E R (M.)

Peint sur toile , larg. 15 , haut 12 p.

40. — Deux intérieurs de forêts , l'un pris
à l'effet du matin , et l'autre au soleil couchant. Ils sont ornés de jolies figures par M.
Boilly ; richesse remarquable et précieuse pour
ces deux tableaux , qui sont d'une excellente
couleur et d'une touche facile et spirituelle.

P R E V O S T (M.).

Peint sur bois , larg. 30 , haut. 21 p.

41. — Vaste étendue de paysage avec chau-

mière au milieu, entourée d'arbres, et lointain de montagnes. On y voit au milieu, sur
le devant, un groupe de deux femmes, dont
une vue par le dos, portant un panier sur sa
tête.

ROBERT (Hubert).

Peint sur toile, larg. 5o , haut. 36 p.

42. — Une vue du Colisée, à Rome. Les
restes de ce beau monument occupent toute
la partie droite du tableau, et ressortent dans
un effet piquant et vrai sur un beau ciel chargé
de nuages indiquant le coucher du soleil. On
voit encore sur le devant diverses figures de
voyageurs. Ce morceau, de l'aspect le plus
imposant, est de cette touche facile et spirituelle que l'on remarque dans les meilleures
productions de ce peintre.

REGNAULT (M.).

Peint sur bois, haut. 3o , larg. 24 p.

43. — Une jolie femme de carnation blon-
de, vue à mi-corps, appuyée sur une table
recouverte d'un tapis vert, et représentée entièrement nue, les épaules légèrement ajustées
d'une draperie bleuâtre nouée au milieu du

corps, la tête tournée de trois-quarts, le re-
gard languissant et le sourire sur les lèvres;
elle presse de la main droite un de ses seins
et prend de l'autre une coupe où s'élance un
serpent qui était caché dans un bouquet de roses et de jasmin, que l'on voit sur la table auprès d'un globe de verre surmonté de deux
ailes de papillon : emblêmes fins et spirituels
qui caractérisent la volupté. Tableau d'un dessin
gracieux, d'un pinceau suave et du coloris le
plus séduisant.

PAR LE MÊME.

Peint sur toile, haut. 12 *, larg.* 9 *p.*

44. — Une jeune fille vêtue d'une tunique
blanche recouverte d'une draperie bleue et les
bras nus, est assise sur un canapé et paraît
dans l'étonnement à la vue de deux sauterel-
les qui sont sur le carreau. Les cheveux épars
tombant sur ses épaules, elle regarde atten-
tivement les deux insectes. Petit tableau dont
la pensée ingénieuse est rendue avec autant
d'esprit que de goût.

ROBERT LE FÈVRE (M.).

Peint sur toile, haut. 20, larg. 14 p.

45. — Vénus désarmant l'Amour. On voit cette déesse assise près d'un buisson de roses, le haut du corps entièrement nu et les cuisses recouvertes d'une belle draperie gris de lin. L'Amour sur ses genoux tient de la main droite un trait, et tâche d'avoir son arc que sa mère élève au-dessus de sa tête. Ces deux figures, du coloris le plus séduisant, se détachent sur un ciel frais et légérement nuagé.

Tous les amateurs connaissent cette aimable production, exposée au salon de l'an   , sous le N.º 313, où elle a réuni tous les suffrages sur la grâce du dessin, le charme de la couleur et le piquant des effets. M. *Desnoyers*, l'un de nos plus habiles graveurs en taille-douce, en a fait une estampe digne de l'original.

TAUNAY (M.).

Peint sur toile, haut. 21, larg. 18 p.

46. — Un site pittoresque aux environs de Naples, traversé sur le devant par une grande étendue d'eau, et offrant au milieu la perspec-

tive d'une ville enrichie de divers monumens appuyés contre des rochers qui s'élèvent dans les airs et conduisent l'œil à une chaîne de montagnes qui forment l'horizon. Sur le devant, dans le chemin qui borde la rivière, on voit des jeunes villageoises précédées de deux vaches.

Ce tableau bien composé, d'une belle distribution dans les plans, et d'une admirable entente de clair-obscur, est d'une exécution très-soignée.

PAR LE MÊME.

Peint sur toile, larg. 12, *haut.* 9 *p.*

47. — Point de vue d'un paysage traversé de côteaux et de montagnes, et enrichi au milieu de plusieurs gros chênes au pied desquels plusieurs villageois gardent un troupeau de bœufs et de moutons. Petit morceau dont la composition agréable ne le cède en rien au précieux de l'exécution et à la vérité de la couleur.

THIBAULT (M.).

Peint sur toile, larg. 12, *haut.* 9 *p.*

48. — Une vue de la grotte et fontaine

Egérie, enrichie dans le fond d'une statue couchée, et sur le devant, au milieu, de plusieurs débris de colonnes cannelées.

LE PENDANT.

T. Même mesure.

49. — Paysage en partie couvert d'arbres. On y voit à gauche, sur la hauteur, un temple de riche architecture; et sur le devant, du même côté, un homme et une femme qui se dirigent vers ce monument.

THIBAULT (M.).

Peint sur toile, larg. 12, haut. 9 p.

50. — Deux paysages, l'un pris à l'effet d'une fraîche matinée, où l'on voit entr'autres détails, un pâtre suivi de son chien; et l'autre, à l'effet du soleil couchant, est occupé à droite par une maison, et sur le devant, par plusieurs figures parmi lesquelles on distingue un chasseur.

PAR LE MÊME.

Peint sur cuivre, larg. 9, haut. 6 p.

51. — Deux différens points de vue de pay-

sages : l'un avec divers monumens, enrichi de figures dans le costume napolitain ; et l'autre avec fabrique appuyée contre un mur de forte construction, dans lequel est pratiquée une bergerie où l'on voit un pâtre qui y fait entrer son troupeau.

PAR LE MÊME.

Peint sur bois, larg. 9, haut. 6 p.

52. — Autre paysage d'un site montagneux, offrant à droite l'arche d'un pont caché en partie par un bouquet d'arbres, et jeté sur une rivière au bord de laquelle est une jeune fille qui se lave les jambes.

PAR LE MÊME.

Peint sur bois, larg. 15, haut. 12 p.

53. — Site de paysage offrant au milieu un lointain de plaines et de montagnes. On y voit sur le devant, à droite, un homme et une femme assis au pied de deux grands arbres.

Cette réunion de tableaux par M. Thibault, joint au mérite de la couleur et de l'exécution, celui d'offrir une variété de sites et de monu-mens du meilleur choix.

TAUREL (M.).

Peint sur toile, larg. 18, haut. 12 p.

54 — Grande étendue de mer prise à l'effet d'un clair de lune. Entr'autres détails qui sont sur le devant, on voit une fontaine avec quelques arbres qui servent de repoussoir, et conduisent l'œil à un lointain de fabriques appuyées sur de hautes montagnes; plusieurs figures de matelots et autres travailleurs qui sont sur le port, ajoutent à la richesse de ce tableau, dont la vérité ne le cède en rien au piquant de l'effet général.

TAUREL (M.).

Peint sur toile, larg. 20, haut. 12 p.

55. — Point de vue de mer couverte de barques. On y voit sur la gauche, un fort en opposition avec des rochers qui occupent la partie droite; tous les devans sont ornés de nombre de figures aussi variées d'attitudes que de mouvement.

PAR LE MÊME.

Peint sur bois, larg. 13, haut. 9 p.

56. — Point de vue du port de Toulon, avec figures de matelots et pêcheurs. Tableau clair et argentin.

Van der Burck.

Peint sur bois, larg. 20, *haut.* 14 *p.*

57. — Site pittoresque offrant sur la gauche une masse de rochers, dont une partie est courornée de fabriques qui conduisent l'œil à un lointain de montagnes dégradées avec le plus grand art. On voit sur le devant, au milieu, un groupe de quatre figures qui s'avancent sur une roche au pied de laquelle est un homme assis. Cette composition a été indiquée par l'auteur, sous le titre du *Mariage sur la roche Tarpéïenne.*

PAR LE MÊME.

Peint sur toile, larg. 11, *haut.* 9 *p.*

58. — Point de vue de paysage par un soleil couchant. La gauche est occupée par un massif d'arbres qui ressortent avec vigueur sur un ciel chaud, et découvrent du côté opposé, dans un ton vaporeux, un lointain de pays traversé par une rivière. On voit sur le premier plan, une femme assise.

Ces deux tableaux, d'un effet différent, présentent autant de vérité que d'esprit et de fermeté dans la touche. Les amis des arts ont à regretter la perte prématurée de cet artiste, qui aurait sans doute égalé les plus grands paysagistes.

VALIN (M.).

Peint sur bois, larg. 20, haut. 16 p.

59. — Dans un fond de paysage indiquant une retraite, on voit à droite sur le devant, deux bacchantes, dont une nue et couchée sur des draperies, tire à elle la branche d'un chêne, et paraît dans un moment d'ivresse; on voit encore près d'elle trois enfans : un endormi, et deux qui jouent avec l'autre bacchante.

PAR LE MÊME.

Peint sur bois, larg. 26, haut. 20 p.

60. — Sur le devant d'un site couvert d'arbres, une nymphe entièrement nue est profondément endormie, les bras croisés sur sa tête. Pose gracieuse, qui a donné au peintre le moyen du plus grand développement dans les formes de cette belle figure.

PAR LE MÊME.

Peint sur bois, haut. 14, larg. 13 p.

61. — Dans un paysage, à l'ombre de grands

arbres, on voit à droite une bacchante entièrement nue et couchée sur une peau de pan-
thère. Elle presse dans ses mains une grappe
de raisin dont elle reçoit le jus dans la bouche;
parmi plusieurs enfans qui sont près d'elle, on
en remarque un qui joue de la double flûte, et
un autre qui danse.

PAR LE MÊME.

Peint sur bois, larg. 16, haut. 13 p.

62. — Point de vue de paysage enrichi sur
le devant de plusieurs figures de bacchantes,
dont trois dansent en frappant l'air de leurs
cimballes; près d'elles trois enfans les imitent,
et figurent les pas qu'elles font.

PAR LE MÊME.

Peint sur bois, larg. 12, haut. 10 p.

63. — Dans une retraite fermée par de
grands arbres, on voit sur le devant une bacchante et un enfant endormis; ils sont surpris
par un faune qui se dispose à les réveiller au
bruit de ses cimballes.

PAR LE MÊME.

Peint sur toile, haut. 15, larg. 12 p.

64. — Une jeune fille la tête tournée de

trois-quarts, et dans un joli déshabillé du matin. Étude facilement touchée.

VALIN (M.).

Peint sur toile, larg. 12, haut. 9 p.

65. — Joli paysage baigné sur le devant par une rivière de l'eau la plus limpide, où sont quatre jeunes filles qui se baignent; du côté opposé on en voit encore deux autres avec un enfant.

PAR LE MÊME.

Peint sur bois, larg. 11, haut. 8 p.

66. — Trois différens points de vue de mer, dont deux pris à l'effet de la nuit, par un clair de lune, et le troisième à l'effet du soleil couchant, avec figures de matelots, et autres détails analogues à ce genre.

Les amateurs verront sans doute avec intérêt cette suite de tableaux par M. Valin, dont plusieurs offrent des compositions aussi agréables que capitales.

VAN POL (M.).

Peint sur toile, haut. 22, larg. 18 p.

67. — Les plus belles fleurs artistement grou-

pées dans une corbeille d'osier placée sur une table de marbre où l'on voit encore un bocal de verre rempli d'eau où sont des poissons, et à côté un nid avec ses œufs. Les amateurs remarqueront sans doute avec plaisir cette production de M. *van Pol*, qui rivalise pour la perfection, avec les plus belles en ce genre.

VAN GORP (M.).

Peint sur toile, haut. 15, *larg.* 12 *p.*

68. — Une jeune femme de la figure la plus intéressante, remet sa jarretière devant un jeune homme dont elle reçoit des marques d'amitié. Des draperies bien rendues, et divers autres accessoires, contribuent à la richesse de cette scène familière, où l'on remarque encore une belle couleur ainsi qu'une exécution soignée.

INCONNU.

Peint sur bois, larg. 10, *haut.* 7 *p.*

69. — Intérieur d'une forêt dont le premier plan, frappé par le soléil, est enrichi de deux grands arbres dont les feuilles sont desséchées par la chaleur. Petit tableau d'un effet piquant, et bien étudié dans tous ses détails.

*Dessins, Gouaches et Aquarelles montés et
sous verre, par différens Peintres.*

BOURGEOIS (M.).

*Onze dessins lavés au bistre, offrant divers
points de vues, monumens, savoir :*

70. — L'entrée d'un palais de Rome, où l'on
voit une femme conduite par un enfant, et dans
l'éloignement, sur un balcon, une autre femme
qui les regarde.

71. — Un site d'Italie avec tombeau et diverses fabriques. La droite est occupée par une
rivière au bord de laquelle est un homme qui
puise de l'eau dans un vase.

72. — Une vue du château Saint-Ange et
de belles fabriques auprès d'un lac. A droite,
deux figures dans le costume romain.

73. — L'intérieur d'une fabrique pour le ra-
finage du salpêtre, exécutée à la ci-devant ab-
baye Saint-Germain-des-Prés, à Paris, sur les
dessins de M. Gilbert, architecte du gouver-
nement.

74. — Un site d'Italie enrichi de monumens, avec deux figures au milieu, femme et
enfant.

75. — Un point de vue aux environs de
Rome, enrichi de nombre de beaux monumens,
avec rivière sur le devant, où sont des baigneuses.

76. — Un paysage héroïque, avec plusieurs
tombeaux.

77. — Deux vues, l'une de Florence, sur
l'Arno; et pour pendant, celle du Vieux palais,
à Florence.

78. — Le cimetière des Anglais, à Livourne.

79. — Un site pittoresque offrant un rocher surmonté de belles fabriques avec ruines
ouvertes en arcades, où l'on voit sur la gauche
un saint à genoux et en extase devant une
croix.

BALTARD (M.).

80 — La vue des gorges du bois *Marino*,
près Rome, où se voit une biche avec ses faons,
près d'une mare. Dessin d'un effet vigoureux,
à la sepia.

3 *

81. — Un autre du même genre, offrant un point de vue pris dans les campagnes de Rome.

82. — Deux autres : l'un représentant la tour de Métellus, et l'autre le Colisée, à Rome.

CARAFFE.

83. — Le sujet de l'Amitié qui triomphe du Tems. On y voit auprès du tombeau d'O- reste et Pylade, une jeune femme qui tient l'Amitié dans ses bras, et regarde le Tems qui brise sa faulx; plus loin sont les trois Grâces retenues par une guirlande de fleurs. Précieux dessin à la plume, lavé d'encre de la Chine.

DUNOUY (M.).

84. — Deux points de vue de paysage en- richis de jolies fabriques avec figures, dont un pâtre qui garde des moutons. Dessins à la plume, lavés d'encre de la Chine.

85. — Deux aquarelles offrant des sites de Naples, avec figures sur différens plans.

DUTAILLIS (M.).

86. — Lise s'est endormie en lisant l'An 2440,

et on essaye de la réveiller au son de la gui-
tare. Très-joli morceau à gouache.

87. — Deux autres gouaches offrant des scè-
nes familières dans un jardin. Dans l'une, un
cavalier élève dans ses bras une jeune fille pour
prendre une pomme à un arbre; dans l'autre,
il lui cueille des cerises.

88. — Deux points de vue de paysage, dont
l'un pris à l'effet d'un orage. On y voit un cavalier qui semble vouloir entraîner une dame
dans un bosquet, pour la mettre à l'abri du
tonnerre. Gouaches aussi soignées que les pré-
cédentes.

DEVOUGE (M.).

89. — Un beau dessin à la pierre d'Italie,
offrant le sujet d'une jeune fille sur un lit de
forme antique, et couronnée par l'Amour. La
statue de Vénus et un trépied où brûle l'en-
cens, forment les accessoires de cette composition gracieuse.

GENAIN (M.).

Huit Gouaches et aquarelles, savoir :

90. — Deux belles gouaches en hauteur, of-

frant des sites pittoresques décorés d'anciennes ruines de monumens, et enrichis de figures de grande dimension, dans le style historique. Dans l'une, des personnages viennent visiter un tombeau, et dans l'autre une muse donne un bouquet à un écrivain.

91. — Point de vue de paysage avec fabrique, représenté à l'effet du soleil couchant, et dont le premier plan à droite est orné de figures. Très-beau morceau à l'aquarelle.

92. — Autre dessin aquarelle offrant un paysage traversé dans toute son étendue par une masse de rochers surmontés d'édifices, et découvrant sur la droite la perspective d'une ville avec divers monumens qui se détachent sur un fond de montagnes; au bord d'une rivière formée par l'eau qui tombe du rocher qui est à gauche, on voit plusieurs jolies figures de blanchisseuses.

93. — Un site décoré de statues et de deux Termes, avec quatre figures sur le devant à gauche, parmi lesquelles on distingue un vieillard qui paraît être Anacréon. Dessin très-soigné, à l'aquarelle.

94. — Vue de diverses constructions du plus grand style, et d'un pont de deux arches, surmonté d'aqueduc à travers lequel on voit une partie de la campagne. Morceau à l'aquarelle, d'un grand effet, et enrichi sur le devant de plusieurs figures dans le costume historique.

95. — Deux points de vue d'anciens monumens d'architecture. Très - beaux dessins à l'aquarelle, l'un offrant les restes d'un temple à Minerve, dont on voit la statue sur le premier plan à droite ; et l'autre, une place publique où un consul romain harangue le peuple.

GADBOIS (M.).

96. — Deux magnifiques sites de paysage en partie couverts de grands arbres, et traversés tous deux par une rivière sur le bord de laquelle le peintre a placé nombre de bestiaux gardés par des pâtres.

97. — Deux autres, l'un à l'effet du matin et l'autre à celui du soleil couchant, et pareillement enrichis de figures et bestiaux.

Ces quatre morceaux à gouache, d'une grande dimension, présentent nombre de détails aussi bien étudiés que rendus, et d'une couleur chaude et brillante.

HARRIET.

98. — Le sujet d'Anacréon inspiré par l'A-
mour ; et pour pendant, Sapho jouant avec ce
dieu. Très-beaux dessins de forme ronde, d'une
plume précieuse.

99. — Un autre de même forme et aussi capital que les deux premiers. Il offre le sujet
d'une femme effrayée à la vue d'une blessure
que l'Amour vient de faire à une jeune fille.

JOLY (M.).

100. — Un précieux dessin sur papier tinté
à la mine de plomb, et rehaussé de blanc. Il
offre un joli point de vue de paysage, et sur
le devant un bœuf qui boit dans une mare.

LE SUEUR.

Dessins à la pierre d'Italie et à l'aquarelle :

101. — Deux précieux dessins. L'un offre la
tour des Vents, à Athènes, et l'autre divers
monumens magnifiques. Ils sont enrichis de
belles figures dans le costume grec.

102. — Deux autres représentant des sujets
tirés de *Gessner.* Compositions intéressantes, et
dont les figures sont pleines de grâce.

103. — Un site de paysage avec fontaine
sur la droite, et pour pendant un point de vue
de superbes monumens. Ils sont tous deux décorés de belles figures dans le style historique.

104. — Deux dessins aquarelles offrant des
sites enrichis de belles fabriques, statues et tombeaux, avec nombre de figures.

LIGIER (M.).

105. — Deux beaux dessins à l'aquarelle. L'un
composé de diverses fabriques entourées d'arbres et appuyées contre une chaîne de rochers
et de montagnes d'où sort une source d'eau
qui forme une rivière sur le devant; et l'autre
offrant un point de vue de Naples, aussi avec
fabriques et terrasse au bord d'une rivière. L'un
et l'autre sont ornés de figures de blanchisseuses dans le costume napolitain.

LE ROY (M.).

106. — Homère inspiré par Apollon. Dessin à la pierre d'Italie.

MALBÊTE (M.).

107. — Précieux dessin à la mine de plomb,
sur vélin, offrant un paysage pittoresque avec

rocher sur la droite, baigné par une rivière près de laquelle sont trois jeunes femmes qui vont se baigner.

108. — Un autre, du même genre, représentant aussi un site de paysage couvert d'arbres sur la droite, avec deux jolies figures de baigneuses sur la gauche.

MANDEVAR (M.).

109. — Un dessin à la mine de plomb et touché avec autant d'esprit que de facilité. Il représente un site traversé par deux bras de rivière au bord de laquelle sont six figures qui regardent ce point de vue.

110. — Un autre paysage avec allée d'arbres sur la droite, en opposition à un lointain de côteaux et de montagnes. Morceau à la gouache, d'une touche large et facile.

MONAIN (M).

111. — Point de vue de paysage, avec figures et bestiaux sur la gauche du premier plan. Morceau à la gouache, d'une touche ferme et d'une belle couleur.

MALLET (M.).

112. — Le sujet d'Hébé dans l'Olympe et

servant le nectar à Jupiter, sous la forme d'un aigle qui tient la foudre dans ses serres. Précieux morceau à gouache.

PERCIER (M.).

113 — Plusieurs fragmens d'architecture et de sculpture, groupés avec art autour d'une urne de forme antique, décorée au pourtour d'un bas-relief, sujet d'une bacchanale. Dessin capital et d'une plume précieuse, lavé d'encre de la Chine.

REGNAULT (M.).

114. — Psyché endormie sur un lit de forme antique et soutenue par Zéphir. Très-beau dessin à la plume, lavé d'encre de la Chine.

115. — Un autre sujet de Mars et Vénus, assis sur un lit couvert de riches draperies. On voit cette déesse tenant le sabre de Mars et lui ôtant son casque.

THIBAULT (M.).

Dessins aquarelles, sites d'Italie et monumens, savoir :

116. — La vue intérieure d'une galerie de la Villa Albani, près Rome.

117. — Un point de vue du Capitole et de l'Ara-cœli.

118. — L'intérieur des écuries de Mécène, avec cascade.

119. — Un point de vue d'aqueducs construits entre deux rochers, avec quelques figures dans le costume napolitain.

120. — Une autre vue de la Villa Madame, près Rome, aussi enrichie de belles figures.

121. — Un site pris aux environs de Rome, avec divers monumens et quelques figures, dont un groupe de trois femmes qui parlent à un paysan.

122. — Deux différens points de vue, l'un offrant le pont de Narni, et l'autre le mont Janicule, à Rome.

123. — Deux autres, dont un avec aqueduc et temple au Dieu des Jardins, et l'autre représentant un site couvert d'arbres et traversé par une rivière sur le bord de laquelle, à gauche, est un groupe de trois figures.

Divers autres Objets d'arts et Articles de curiosités.

CLAUDION (M.).

124. — Un bas-relief en terre cuite, sujet d'un faune qui entraîne avec lui une bacchante et son enfant. Morceau plein de grâce et de mouvement dans les figures.

MICHALON.

125. — Cette jolie figure en marbre statuaire, de 32 pouces de haut, y compris la plinthe, offre la jeune Cydippe dans le moment de surprise et de joie qu'elle éprouve, en lisant sur la boule qu'Aconce, jeune homme de l'île de Cée et d'une rare beauté, avait fait rouler à ses pieds dans le temple de Diane, ces mots : *Je jure par Diane, Aconce, de n'être jamais qu'à vous.* Le beau jet des draperies, la grâce de la pose et l'excellence du ciseau, feront sans doute remarquer ce précieux morceau de sculpture.

126. — Une partie d'estampes en feuilles, avec et avant la lettre, d'après MM. *Prudhon,*

Boilly, Mlle *Gérard*, ainsi que plusieurs autres d'après différens maîtres et offrant divers
sujets d'histoires, des paysages et des points de
vue, partie coloriée, seront divisées par lots
et vendues sous ce Numéro.

127. — Un grand morceau de marbre imi-
tant l'agate, et offrant par le travail de la nature un site agreste, surmonté d'ifs. Il est dans
sa bordure de bois noirci.

128. — Un grand vase d'ancienne porce-
laine du Japon, à dessins de figures et bran-
chage d'arbres avec couvercle surmonté d'un
coq. Il est sur son pied de cuivre doré, et sur
socle de marbre noir, avec entourage de perles
en cuivre doré.

129. — Les Articles qui auraient pu être
omis, seront divisés et vendus sous ce Numéro.

L. P. DUBRAY, Imprimeur du Musée Napoléon,
rue Ventadour, N.° 5.